Bestell-Nr.: RKW 5194

© 2022 Kawohl Verlag, 46485 Wesel
Alle Rechte vorbehalten

Texte und Zusammenstellung: Doro Zachmann

Titelbild: Getty Images / Irina Shilnikova
Autorenbild: C. Wenk (90)
Innenbilder: A. Pohl SCJ (22), Christian Ringer (74)
Innenbilder von Getty Images: yaruta (10), rickberk (14),
David Ziegler (18), morrowlight (26), FooTToo (30),
Irina Shilnikova (34), xalanx (38), MarijaRadovic (42),
Estt (46), Michal Boubin (50), Nastco (54),
PetarPaunchev (58), Richard McMillin (62),
freedom007 (66), Simotion (70), Eleonora Grigorjeva (78),
VR_Studio (82), BrianAJackson (86), pugun-photo (91)

Lektorat und Gestaltung: Kawohl Verlag / Sören Kahl
Druck und Verarbeitung: Drukarnia Dimograf, Bielsko-Biała, Polen

ISBN: 978-3-86338-194-3   www.kawohl.de

Gottes Zusagen für dich

Ich bin dir nah
und für dich da

Doro Zachmann

Inhaltsverzeichnis

Liebe Leserin, lieber Leser,

mein Mann streckt seine Hand
über den Campingtisch aus, ergreift die meine
und seufzt dann glücklich:
»Wie schön, dass du mein Leben mit mir teilst.
Alles, das Schwere und das Schöne.
Ich liebe es, mit dir gemeinsam
unterwegs zu sein. Ich liebe dich!«

Wunderbare Balsam-Worte für mein
verwundetes Herz, denn wir sind zwar gerade
im Urlaub und genießen das schöne Wetter
und die friedliche Auszeit, aber anstrengende
und zermürbende Wochen liegen hinter uns,
die mir noch in den Knochen stecken.

Von Liebeserklärungen kann ich einfach nicht
genug bekommen. Werde wohl nie wirklich
satt dabei, will es immer wieder neu hören.

Und so geht es mir auch mit Gott:
Immer wieder suche ich gezielt nach seiner
mir in der Bibel zugesagten Liebe, entdecke
Spuren davon in meinem Alltag, schaue genau hin,
damit ich sie in all dem Trubel nicht übersehe.

Gerade weil die Zweifel an mir selbst
sich immer wieder Bahn brechen, brauche ich es,
mich nach Gott und seiner Liebe auszustrecken.
Die Bibel ist voll von guten Zusagen, von erfüllenden
Verheißungen, von bedingungsloser Liebe.
Das mache ich mir immer wieder neu bewusst
und bin Gott so dankbar für dieses tägliche
»Manna« für mein hungriges Herz.

Ich wünsche Ihnen, dass Sie beim Lesen dieses
Buches Gottes Stimme direkt zu sich flüstern hören
und sich ganz persönlich angesprochen fühlen.

Lassen Sie sich voller Vertrauen in Gottes Arme
fallen, von ihm trösten und ermutigen. Es gibt
keinen besseren Ort auf dieser Welt als in der
Umarmung unseres liebenden Vaters im Himmel.

Ihre Doro Zachmann

Ich freue mich an dir

Alle, die nach dir fragen,
sollen vor Freude jubeln!
Wer dich als Retter kennt und liebt,
soll immer wieder rufen:
»Groß ist der Herr!«
Psalm 40,17

Der Herr freut sich über alle,
die ihm in Ehrfurcht begegnen
und von seiner Gnade
alles erwarten.
Psalm 147,11

Der Herr wird euch beschenken,
weil er sich über euch wieder genauso freut
wie über eure Vorfahren. 5. Mose 30,9

Gott sagt dir zu:

Jeden Tag staune ich über das Wunder,
das du bist und mein Herz hüpft vor Freude,
wenn ich an dich denke und dich sehe.
Du bist mir wirklich außerordentlich gut gelungen!

Ich liebe dich so unendlich tief, wie du es dir in deinen kühnsten Träumen nicht ausmalen kannst.

Ich wünsche mir so sehr, dass meine Freude über dich auch bei dir selbst im Herzen ankommt und du Halt in mir findest, weil du weißt, wie sehr ich dich liebe und verstehe.

Lass dich in meine Arme fallen, spüre meine Kraft und Zärtlichkeit, lass dich anstecken von meiner Liebe und Freude. Tanze dein Leben, greife nach den Sternen, schwinge dich zum Himmel empor und sammle die Strahlen der Sonne.

Lebe deine Träume, lass dein Herz voller Liebe für andere überfließen, genieße den Reichtum und die Fülle deines Lebens. Freue dich an deinen Gaben und Talenten, umarme das Kind in dir und lebe bewusst mit Leichtigkeit.

Finde ein Ja zu deinem Leben und spreche es laut aus. Lebe voller Freude und Dankbarkeit mit Zuversicht und Hoffnung.

Menschen mit Freude im Herzen haben eine ganz besondere Ausstrahlung, die auch auf andere abfärbt und ansteckend wirkt. Man kann ihre innere Schönheit sehen und sie sind echte Botschafter meiner Liebe.

Nichts ehrt mich mehr, als wenn du dein Leben als mein Geschenk verstehst, es dankbar annimmst und fröhlich das Beste daraus machst.

Du bist mein geliebtes Kind, ich habe so viel Freude an dir.

Gib mir deine Sorgen

»Sorgt euch nicht um morgen –
der nächste Tag
wird für sich selber sorgen!
Es ist doch genug, wenn jeder Tag
seine eigenen Schwierigkeiten mit sich bringt.«
Matthäus 6,34

Ihr Menschen, vertraut ihm jederzeit
und schüttet euer Herz bei ihm aus!
Gott ist unsere Zuflucht.
Psalm 62,9

Überlasst all eure Sorgen Gott,
denn er sorgt sich um alles,
was euch betrifft!
1. Petrus 5,7

Gott sagt dir zu:

Sich Sorgen zu machen, gehört natürlich zum Menschsein dazu. Aber sich unnötige Sorgen zu machen, ist weder hilfreich noch lösungsorientiert und belastet deine Seele völlig unnötig.

Achte darauf: Was du denkst beeinflusst dein ganzes Leben! Du solltest also ganz bewusst auf deine Gedanken aufpassen und sie steuern. Lass nicht zu, dass dunkle Gedankengänge dich lähmen und innerlich zermürben.

Komm zu mir mit deinen Sorgen. Erzähle mir, was du auf dem Herzen hast, was dich niederdrückt und dich beschwert. Ich habe immer ein offenes Ohr für dich und ich habe dir versprochen, mich um dich zu kümmern.

Ja, mit manchen Problemen und Schwierigkeiten
musst du auf dieser Welt fertig werden,
das gehört zu deinem Wachstum dazu.
Ich habe dir kein sorgenloses Leben versprochen,
aber ich stehe zu meinem Wort. Ich bin bei dir
und helfe dir, an Körper, Geist und Seele
gesund zu werden oder zu bleiben, so lange es
meinem göttlichen Plan entspricht.

Mach dich nicht verrückt, was noch alles
kommen oder passieren könnte. Das raubt dir
den nächtlichen Schlaf und die Kraft für den Tag.
Zu viele unnötige Sorgen saugen jede Freude
und Zuversicht aus dir heraus, machen dich
mürbe und lieblos. Schau lieber auf mich und
vertraue darauf, dass ich es gut mit dir meine.

Tu, was du tun kannst, um ein Problem zu lösen
und eine Sorge zu verkleinern.
Den Rest überlasse einfach mir.

Wenn du wieder mal nachts wach liegst
und schwere Gedanken mit dir Karussell fahren,
dann nimm ganz bewusst all deine Befürchtungen,
schnüre sie fest zusammen und lege mir
dein Sorgenpaket vor die Füße.

Ich kümmere mich darum, zumindest soweit,
dass du in Frieden einschlafen kannst.
Ich gebe dir zwar am nächsten Morgen
dein Paket zurück, aber du wirst spüren,
dass es leichter geworden ist.

Du bist mein geliebtes Kind,
lass deine Sorgen bei mir los!

Ich habe dich bei deinem Namen gerufen

Gott spricht:
»Kann eine Mutter ihren Säugling vergessen?
Bringt sie es übers Herz, das Neugeborene
seinem Schicksal zu überlassen?
Und selbst wenn sie es vergessen würde –
ich vergesse dich niemals!«
Jesaja 49,15

Freut euch zu jeder Zeit,
dass ihr zum Herrn gehört.
Und noch einmal
will ich es sagen: Freut euch!
Philipper 4,4

»Unauslöschlich
habe ich deinen Namen
auf meine Handflächen geschrieben.«
Jesaja 49,16

Gott sagt dir zu:

Du bist keine Laune der Natur,
nicht aus dem Nichts entstanden
und schon gar nicht zufällig geboren.

Du, ja, genau du, gehörst zu meinem
göttlichen Plan von Anfang an.
Du bist mir sehr wichtig und ich habe dich
ins Leben gerufen, weil ich dich liebe.
Ich möchte dich an meiner Seite haben
und gemeinsam mit dir die Welt verändern!

Ich kenne dich schon seit Anbeginn der Zeit,
habe dich im Bauch deiner Mutter geformt,
all meine Liebe in dich hineingelegt,
dir Gaben und Talente gegeben und
jede Menge Potential, dass du dir zur Freude,
anderen zum Segen
und mir zum Dank entwickeln kannst.

Ich habe dich bei deinem Namen gerufen
und habe mir diesen in meine Hand eingeschrieben,
unauslöschlich, unverwechselbar.

Du bist ein wunderbares Unikat
aus meiner Schöpfer-Werkstatt,
bist mir einzigartig gut gelungen
und ich bin sehr stolz auf dich und
habe jeden Tag meine helle Freude an dir.

Sei gewiss, nichts kann uns trennen.
Du gehörst zu mir wie die Wolken an den Himmel,
wie die Wellen ins Meer, wie die Sterne in die Nacht.

Jede Sekunde deines Lebens sind wir miteinander
verbunden, auch, wenn du es nicht immer spüren
oder glauben kannst. Ich bin stets in deiner Nähe
und strecke meine Hand nach dir aus.

Du bist mein geliebtes Kind und beim Klang deines
Namens macht mein Herz einen Freudensprung!

Ich stehe zu dir

»Fürchte dich nicht,
denn ich stehe dir bei;
hab keine Angst, denn ich bin dein Gott!
Ich mache dich stark, ich helfe dir,
mit meiner siegreichen Hand beschütze ich dich!«
Jesaja 41,10

Wer unter dem Schutz
des Höchsten wohnt,
der kann bei ihm,
dem Allmächtigen, Ruhe finden.
Psalm 91,1

Der Herr steht zu mir,
deshalb fürchte ich mich nicht.
Was können mir Menschen anhaben?

Psalm 118,6

Gott sagt dir zu:

Ich bin ganz auf deiner Seite, vertraue mir.
Wenn andere Menschen dich ablehnen, kritisieren,
dir übel nachreden oder dich zutiefst verletzen,
hat das auch immer mit ihrer eigenen Geschichte
zu tun und gilt nicht dir allein.

Und weil auch sie Menschen sind,
treffen sie nicht immer den richtigen Ton,
finden nicht immer das rechte Maß
oder die passenden Worte.

Zurück bleiben Frust, Verletzung, Verachtung,
Herabwürdigung. Dennoch kann es gut sein,
dass an ihrer Kritik etwas dran ist
und das gilt es für dich zu prüfen.

Wenn du Fehler machst – und das wirst du,
denn kein Mensch ist perfekt – ist es in Ordnung,
dich darauf aufmerksam zu machen
und dir einen Spiegel vorzuhalten.

Denn nur so kannst du daraus lernen,
deine Persönlichkeit entfalten und etwas Gutes
aus dem Fehler entstehen lassen.

Aber denke daran: die Kritik gilt deinem Verhalten
und nicht dir als Person im Ganzen –
auch wenn dein Gegenüber es durch seine
subjektive Brille sieht und es schmerzlich
für dich ausgedrückt haben mag.

Ich habe dich erschaffen,
ich kenne dich durch und durch,
ich sehe direkt in dein Herz und weiß,
wie du es gemeint und empfunden hast.
Ich sehe all das Potential, das ich in dich
hineingelegt habe und glaube fest an dich.

Frage mich im Gebet, wo du dich falsch
verhalten hast und gemeinsam werden wir
einen Lösungsweg, eine Wiedergutmachung finden.
Aber zweifle nicht an dir als Person,
das wäre völlig übertrieben und unangemessen.
Du bist ein wunderbarer Mensch,
ich kenne dich ganz genau.

Du bist mein geliebtes Kind und ich stehe zu dir!

Du bist mein geliebtes Kind

Herr, schenke uns deine Liebe
jeden Morgen neu!
Dann können wir singen
und uns freuen, solange wir leben!
Psalm 90,14

Denn der Herr ist gut zu uns,
seine Liebe hört niemals auf,
von einer Generation zur anderen
bleibt er treu.
Psalm 100,5

Gott ist Liebe,
und wer in der Liebe bleibt,
der bleibt in Gott und Gott in ihm.
1. Johannes 4,16

Gott sagt dir zu:

Ich liebe dich von ganzem Herzen!
Du bist ein Kind des Königs,
dessen darfst du dir gewiss sein.
Du sollst nie an meiner Liebe zweifeln!

Wenn du selbst ein Kind hast, kannst du dir
annähernd vorstellen, was ich für dich empfinde,
aber meine göttliche Liebe ist weitaus größer
als dein kleines Menschenherz begreifen kann.
Meine Liebe zu dir ist an nichts gebunden,
sie ist völlig frei und grenzenlos.

Du musst nicht erst irgendwelche Leistungen
erbringen, um von mir geliebt zu werden.
Du musst keinerlei guten Werke erfüllen
oder Prüfungen bestehen, um bei mir
an Ansehen zu gewinnen.

Du brauchst dich einfach nur von mir lieben
zu lassen. Das ist mein Geschenk, meine Gnade,
meine Güte, meine Zusage an dich.
Glaube mir, ich liebe dich ohne Wenn und Aber.

Meine Liebe zu dir erfüllt mein Vaterherz
mit täglicher Freude, und ich sehne mich ständig
nach deiner Nähe. Du bist mir keine Sekunde
zu viel, zu langweilig oder zu anstrengend.
Im Gegenteil: Ich freue mich über jede Minute,
die du in meine Gegenwart eintauchst
und mit mir verbringst.

Wenn du meine Liebe wirklich annehmen kannst
und in dir wirken und wachsen lässt,
wirst du erleben, wie sie immer mehr Raum
in dir gewinnt. Du wirst dich selbst
und andere Menschen immer besser
annehmen und lieben können.

Du bist mein geliebtes Kind und hast
einen sicheren Platz in meinem göttlichen Herzen.

Ich zeige dir den Weg

Lehre mich, so zu leben, wie du es willst,
denn du bist mein Gott!
Führe mich durch deinen guten Geist,
dann kann ich ungehindert
meinen Weg gehen!
Psalm 143,10

»Ja, ihr seid meine Herde,
und ich bin der Herr, euer Gott;
ich führe euch auf gute Weide.
Darauf könnt ihr euch verlassen!«
Hesekiel 34,31

»Ich will dich unterweisen
und dir den Weg zeigen,
den du gehen sollst.«
Psalm 32,8

Gott sagt dir zu:

Ich kenne die vielen Irrwege dieser Welt,
weiß, dass es Sackgassen, Umwege und
Labyrinthe gibt. Oft ist es für dich nicht leicht,
den richtigen Weg zu finden.

Du stehst immer mal wieder
an Kreuzungen in deinem Leben, an denen du
eine Entscheidung treffen musst.
Triff sie nicht allein! Bringe deine Fragen zu mir,
gib mir eine Chance, dir zu helfen,
den besseren Weg einzuschlagen.
Da ich das Ende des Weges schon kenne
und weiß, wohin er führen wird, kannst du
meinem Urteil trauen, zumal ich nur das Beste
für dich will. Niemals würde ich dich in eine Falle
locken oder dich absichtlich ins Verderben schicken.

Aber ja, manchmal kann es gut sein, dass du
einen unbequemen Umweg machen musst,
weil du genau auf dieser Wegstrecke
für dein weiteres Leben wichtige Dinge lernst
und deine Persönlichkeit weiterentwickelst.
In deinen Augen wäre vielleicht ein schnellerer und
geraderer Weg besser gewesen. Aber glaube mir,
ich führe dich so, wie es am besten für dich ist.

Hab keine Angst! Selbst, wenn du »falsch«
abgebogen bist, bleibe ich an deiner Seite
und gehe jeden Umweg mit dir. Ich habe immer
auch noch einen Plan B für dich und kann dich
auch auf krummen Wegen zu meinem Ziel führen,
wenn du dich von mir beraten lässt.

Bitte mich um Leitung und Weisheit
und so will ich dir Orientierung und Halt geben
und dir den rechten Weg weisen.
Vertraue meiner Führung.

Du bist mein geliebtes Kind
und ich zeige dir den Weg!

Ich schenke dir Mut

»Hab keine Angst, denn Gott liebt dich!«,
sagte der Engel. »Friede sei mit dir!
Sei jetzt stark und mutig!«
Während er mit mir sprach,
kehrte meine Kraft zurück.

Daniel 10,19

Ich, der Herr, sage:
»Lasst den Mut nicht sinken!
Und ihr Menschen, seid stark
und arbeitet weiter! Denn ich, der Herr,
der allmächtige Gott, stehe euch bei.«

Haggai 2,4

Vertraue auf den Herrn!
Sei stark und mutig,
vertraue auf den Herrn!

Psalm 27,14

Gott sagt dir zu:

Ich weiß, dass dein Leben viele Herausforderungen
mit sich bringt, vor denen du dich scheust.
Aber hab keine Angst, ich bin bei dir
und stehe dir zur Seite.

Du darfst dich darauf verlassen,
dass nichts zu dir durchdringen wird,
was ich nicht weiß und zugelassen habe.
Alles, was dir widerfährt und dich bedrängt,
kannst du mit meiner Hilfe bewältigen.
Ich mute dir nicht mehr zu,
als du tragen kannst. Versprochen.

Aber ich weiß auch, dass du deine Grenzen
und Möglichkeiten enger siehst,
als sie in Wahrheit sind.

Du kannst viel mehr, als du denkst.
Du bist viel mehr, als du glaubst.
Manchmal ist es einfach an der Zeit
und für deine Weiterentwicklung wichtig,
die Komfortzone zu verlassen
und dich neuen Aufgaben zu stellen.

Dafür statte ich dich auch
mit der entsprechenden Portion Mut aus,
die es braucht, um neuen Anfängen zu vertrauen,
neue Schritte zu wagen
und unbekanntes Terrain zu betreten.

Verlass dich auf mich! Ich bin bei dir
und helfe dir, die neue Herausforderung
anzugehen und zu meistern. Und selbst,
wenn du – in deinen Augen – scheitern solltest,
ist das kein Problem, dann probierst du es
ein weiteres Mal und stützt dich noch mehr
auf mich. Zusammen schaffen wir das!

Du bist mein geliebtes Kind,
ich schenke dir neuen Mut!

Ich schenke dir Gelingen

»Was du vorhast,
wird dir nicht durch die Macht eines Heeres
und nicht durch menschliche Kraft gelingen:
Nein, mein Geist wird es bewirken!
Das verspreche ich, der Herr, der allmächtige Gott.«
Sacharja 4,6

Die Erde ist erfüllt
von deiner Güte;
Herr, hilf mir,
deinen Willen zu erkennen.
Psalm 119,64

*Vertraue Gott deine Pläne an,
er wird dir Gelingen schenken.*

Sprüche 16,3

Gott sagt dir zu:

Erzähle mir deine Träume
und lass mich an deinen Wünschen teilhaben,
denn mich interessiert brennend,
womit du dich beschäftigst,
was dein Herz bewegt, was deine Ziele sind.

Gerne will ich dir Gelingen schenken
und meinen Segen auf das legen,
was du dir vorgenommen hast,
sofern es auch in meinem Sinne ist.

Ich kann dir neue und hilfreiche Gedanken eingeben,
verlässliche Partner an deine Seite stellen,
Menschen, die dich bei dem unterstützen,
was du umsetzen möchtest.

Wenn du müde wirst oder nicht mehr weiter weißt,
bin ich da, um dich aufzufangen, dir neuen Mut
und neue Kraft zu geben.

Schau genau hin und frage mich,
dann wirst du merken, ob deine Idee
vielleicht sogar von mir kommt, ob ich sie dir
aufs Herz gelegt habe.

Vertraue fest auf deine innere Stärke,
deine Entschlusskraft, dein Potential
und deine Vision, deine Fähigkeiten und Gaben.

Sie kommen nicht von ungefähr,
ich habe sie dir gegeben. Wenn du sie
in meinem Sinne gebrauchst,
kann nur Gutes daraus entstehen.

Glaube mir: Wenn ich dahinterstehe,
kann nichts schiefgehen
und Schwierigkeiten auf dem Weg zum Ziel
räumen wir gemeinsam aus dem Weg.
Zusammen sind wir ein geniales Team!

Du bist mein geliebtes Kind
und ich schenke dir Gelingen.

Ich halte dich fest

Nähme ich Flügel der Morgenröte
und bliebe am äußersten Meer,
so würde auch dort
deine Hand mich führen
und deine Rechte mich halten.
Psalm 139,9-10

Der Herr lenkt die Schritte des Menschen;
wie kann der Mensch wissen,
wohin sein Weg ihn führt?
Sprüche 20,24

Der Herr hält die fest,
die hinfallen, und hilft denen auf,
die zusammengebrochen sind.
Psalm 145,14

Gott sagt dir zu:

Auch, wenn du es dir nicht vorstellen kannst,
ich passe auf dich auf. Auch, wenn du mich
nicht siehst und spürst, ich bin da.
Auch, wenn du glaubst, ich habe dich vergessen,
denke ich jede Sekunde an dich.

Ich weiß, es gibt Momente in deinem Leben,
da reißt es dir förmlich den Boden
unter den Füßen weg. Wie aus dem Nichts heraus
steht dein Leben — trotz sorgfältigster Planung
und Vorsorge — von einem Tag auf den anderen
auf dem Kopf. Und du kannst nichts dafür,
die Umstände haben sich für dich
dramatisch geändert — sei es durch

eine Naturkatastrophe, eine Pandemie,
einen Unfall oder andere schreckliche Ereignisse.
Plötzlich verlierst du, worauf du vorher
gesetzt hattest: dein sicheres Einkommen,
deine Wohnung, deine Gesundheit,
dein soziales Umfeld oder vielleicht sogar
einen Menschen, der dir sehr nahestand.

Unfassbar und hoffnungslos stehst du
vor dem Scherbenhaufen deines Lebens
und zweifelst an mir, an meiner Nähe,
an meiner Liebe, fragst dich, warum ich das
zugelassen habe.

Glaube mir, ich habe nicht die Absicht
dich ins Unglück zu stürzen,
vielmehr leide ich mit dir
und teile deinen Schmerz.

Wenn du nicht durch Zeit und Raum begrenzt wärst
und meine allumfassende Perspektive auf dein Leben
und das ganze Weltgeschehen einnehmen könntest,
würdest du verstehen, warum geschehen musste,
was dir widerfahren ist.

Erst im Himmel wirst du meine Sicht teilen können.
So lange bitte ich dich, mir zu vertrauen.
Lass dich von der Gewissheit tragen, dass ich dich
nicht im Stich lasse und in deiner Not bei dir bin.

Ich liebe dich, doch ich kann dir nicht alle Tiefen
ersparen. Lass dich in meine Arme fallen und halte
an der Zuversicht fest: Ich werde auch jetzt
für dich sorgen und dich wieder aufrichten.

Du bist mein geliebtes Kind, ich halte dich fest!

Ich helfe dir in der Not

Der Herr spricht: »Ich will den erretten,
der mich liebt. Ich will den beschützen,
der auf meinen Namen vertraut.
Wenn er zu mir ruft, will ich antworten.
Ich will ihm in der Not beistehen
und ihn retten und zu Ehren bringen.«
Psalm 91,14-15

»Ich bin der Herr, dein Gott,
der deine rechte Hand fasst
und zu dir spricht: Hab keine Angst.
Ich bin da und helfe dir.«
Jesaja 41,13

Er wird Hilfe
vom Himmel schicken
und mich retten.
Psalm 57,4

Gott sagt dir zu:

Die Nöte dieser Zeit haben viele Gesichter:
Naturkatastrophen, Kriege oder Epidemien
bringen die Welt aus dem Gleichgewicht.
Viele Menschen leiden zudem oder auch gerade
deshalb an Einsamkeit, Arbeitslosigkeit,
Ausgrenzung, Mobbing, Krankheit, Sucht,
Trennung, Gewalt, Missbrauch, Verfolgung,
Flucht und vielem mehr.

Egal, wie deine Nöte heißen,
du darfst sie mir bringen und deine ganze Angst,
Panik, Wut, Trauer oder Verzweiflung bei mir abladen.
Ich kann das aushalten. Mehr noch:
Ich will dir beistehen und deinen Schmerz lindern.

Nicht jeden Stolperstein werde ich dir
aus dem Lebensweg räumen, auch in manche
Abgründe wirst du schauen müssen.
Aber es ist nicht mein Wunsch, dass du abstürzt!

Solltest du den Boden unter den Füßen verlieren,
wirst du in meinen liebevollen Armen landen.
Egal, was sonst noch geschehen mag,
du wirst erleben, wie stark meine Hand ist,
wenn du sie ergreifen und dich daran
festhalten willst.

Schaue auf mich. Richte in der Not
deinen Blick auf mich und vertraue darauf,
dass ich da bin. Ich werde dir helfen,
deine wunde Seele heilen und dir wieder Hoffnung
und Zuversicht schenken.
Du musst diese Krise nicht alleine durchstehen,
ich bin bei dir!

Obwohl ich es könnte, werde ich nicht
mit einem Fingerschnipsen alle Probleme
auf der Erde lösen, schon gar nicht die
von Menschen selbst verschuldeten.

Leid gehört zu menschlichem Leben ebenso dazu
wie Freude und Glück. Diese Spannbreite
macht Menschsein aus und ich weiß,
dass das nicht einfach zu verstehen ist.
Aber mein göttlicher Plan für die Welt und für dich
geht weit über dein Vorstellungsvermögen hinaus.
Vertraue mir, es wird am Ende alles gut.

Du bist mein geliebtes Kind
und ich stehe dir bei in der Not!

Ich bin barmherzig

Als aber erschien die Freundlichkeit
und Menschenliebe Gottes, unseres Heilands,
machte er uns selig – nicht um der Werke willen,
die wir in Gerechtigkeit getan hätten,
sondern nach seiner Barmherzigkeit.

Titus 3,4-5

Gott wird sich wieder über uns erbarmen,
alle unsere Sünden zertreten
und alle unsere Verfehlungen
ins tiefe Meer werfen!

Micha 7,19

Sein Erbarmen
hört niemals auf;
er schenkt es allen, die ihn ehren.

Lukas 1,50

Gott sagt dir zu:

Ich bin reine Liebe!
Ich atme Liebe ein und aus, ich denke Liebe,
ich sehe Liebe, ich schaffe Liebe, ich fühle Liebe.

Mein Herz schlägt voller Liebe – auch für dich!
Und diese Liebe bewirkt so viel Gutes:
Geduld, Barmherzigkeit, Gnade, Güte, Vertrauen,

Vergebung, Geborgenheit, Friedfertigkeit, Sanftmut,
Zärtlichkeit, Ermutigung und vieles mehr.

Ich habe keine rosarote Brille auf,
wenn ich dich und dein Leben betrachte.
Natürlich sehe ich auch, dass du Fehler machst
und dich manchmal nicht gut verhältst.

Aber ich schaue vor allem auf deine Stärken
und nehme erfreut wahr, wie du dich immer wieder
neu bemühst. Ich weiß, wie sehr es dir leidtut,
wenn du Mitmenschen verletzt
oder an ihnen schuldig wirst.

Sei dir gewiss: Ich bin voller Barmherzigkeit
für dich da, schenke dir immer wieder
einen Neustart, glaube an das Gute in dir.

Ich bin kein nachtragender Gott
und wenn du mich aufrichtig um Vergebung bittest,
gewähre ich sie dir gern. Barmherzig und gnädig
bin ich, gütig, großzügig und voller Wärme.

Ich bitte dich: Sei auch du barmherzig
gegenüber deinen Mitmenschen. Gib weiter,
was ich dir schenke, werde mir immer ähnlicher,
lass Barmherzigkeit in deinem Herzen
wachsen und reifen. Sei wie einer der Steine,
der – ins Wasser geworfen – große Kreise zieht.

Ich verspreche dir: Deine Güte, Großzügigkeit
und Wärme werden auf dich zurückkommen
und dich selbst reich beschenken!

Du bist mein geliebtes Kind
und meine Barmherzigkeit sei dir gewiss!

Ich schenke dir Vergebung

Gott spricht:
»Mir hast du Arbeit gemacht mit deinen Sünden
und hast mir Mühe gemacht
mit deinen Missetaten.
Ich, ich tilge deine Übertretungen um meinetwillen
und gedenke deiner Sünden nicht.«
Jesaja 43,24-25

Seine Gnade ist so groß,
dass er unsere Freiheit
mit dem Blut seines Sohnes erkauft hat,
sodass uns unsere Sünden vergeben sind.
Epheser 1,7

Du bist ein Gott der Vergebung,

gnädig und barmherzig,

langmütig und reich an Güte.

Nehemia 9,17

Gott sagt dir zu:

Komm zu mir, mein geliebtes Kind,
und vertraue mir an, was dich beschwert, wo du
Fehler gemacht und Schaden angerichtet hast.

Es ist furchtbar erdrückend, wenn du
mit Schuld leben musst, die du mit dir
herumschleppst und die deinen Tag trübe färbt.
Erzähle mir, was dich belastet,
wo du an anderen Menschen, mir oder dir selbst
gegenüber schuldig geworden bist.

Du bist – wie alle anderen Menschen auch – nicht
fehlerfrei und wirst immer wieder in deinem Leben
straucheln und andere verletzen oder enttäuschen,
auch wenn du das doch eigentlich gar nicht willst.

Es wird geschehen, einfach allein deshalb,
weil du Mensch bist und nicht Gott.
Das brauchst du dir nicht vorzuwerfen,
das habe ich bewusst so einkalkuliert.
Aber dein Verhalten, mit dem du Schuld
auf dich geladen hast, sollst du dir gegenüber
eingestehen und mir offen erzählen.

Tu, was in deiner Macht steht, um deine Schuld
dem anderen gegenüber auszugleichen oder
wiedergutzumachen, sofern das möglich ist.
Gestehe sie dir selbst und auch dem anderen
gegenüber ein. Bitte um Verzeihung.
Und vergebe dir auch selbst, damit du wieder
unbelastet nach vorne schauen kannst.

Bitte auch mich um Vergebung, und ich will sie
dir gewähren, wenn ich in deinem Herzen
tiefes Bedauern und echte Reue sehe.
Weil ich dir vergebe, sollst du auch dir selbst
und anderen vergeben. Gemeinsam werden wir
Wege finden, wie du mit den Folgen deiner Schuld
weiterleben kannst, ohne, dass sie dich jeden Tag
verfolgen muss. Oftmals kann auch aus
eingestandener Schuld und der Bereitschaft,
sich ihr zu stellen, etwas Gutes entstehen
und Liebe wachsen. Vertraue mir!

Du bist mein geliebtes Kind
und ich werde dir vergeben.

Ich vertraue dir meine Schöpfung an

Herr, durch dein Wort hast du das Weltall geschaffen,
durch deine Weisheit den Menschen ins Dasein
gerufen. Du hast ihm den Auftrag gegeben,
über deine Geschöpfe zu herrschen, die Schöpfung
nach deinen guten Weisungen zu bewahren
und unbestechlich über dem Recht zu wachen.

Weisheit 9,1-3

Die Sonne blickt strahlend
auf alles herab,
vom Glanz des Herrn
ist die Schöpfung erfüllt.
Jesus Sirach 42,16

Der Himmel gehört
dem Herrn allein, die Erde aber
hat er den Menschen anvertraut.

Psalm 115,16

Gott sagt dir zu:

Ich habe euch Menschen ein großes Geschenk
gemacht und euch meine Schöpfung,
diese Welt, in eure Hände gelegt.

Jeder Mensch, jedes Tier, jede Pflanze,
die ganze Schöpfung in ihrer Einzigartigkeit
und Vielfalt, jeder Berg, jeder Baum,
jeder Wassertropfen zeugt von meinem
Ideenreichtum und meiner Kreativität.

An dieser wunderbaren Welt wird vieles
von meiner unvorstellbaren Größe sichtbar.
Schon beim Bestaunen all dieser Wunder
kannst du erkennen, dass das alles
nicht aus purem Zufall entstanden sein kann,
sondern etwas Großes, Geheimnisvolles,
Unerforschliches dahinter stecken muss:
Ich, dein Gott.

Ich freue mich darüber, wenn du meine Schöpfung
würdigst und behutsam mit ihr umgehst.
Zu viele treten mein Geschenk mit Füßen,
würdigen oder schätzen es nicht
und sehen es sogar als selbstverständlich
und unzerstörbar an. Und statt sich zu besinnen,
wälzt der eine die Verantwortung
auf den nächsten ab und schiebt die Schuld
der Umweltverschmutzung auf den anderen ...

Dabei kann jeder einzelne – und auch du –
so viel bewirken an dem Platz, an dem er steht.
Ihr könnt verantwortungsvoll und einfühlsam
mit eurem Planeten umgehen.
Jeden einzelnen Tag, in kleinen Alltagsschritten.

Achte auf die Stimme der jungen Generation,
die ältere Zeitgenossen mahnt, umzudenken und
zukunftsorientierter, lebensbejahender zu handeln.

Mache dir neu das Geschenk dieser Welt bewusst
und würdige es, so dass auch die Enkel deiner Enkel
noch eine lebenswerte Zukunft haben.

Du bist mein geliebtes Kind
und ich vertraue dir meine Schöpfung an!

Du kannst dich auf mich verlassen

Weil Gott niemals lügt,
haben wir jetzt zwei Tatsachen,
auf die wir uns felsenfest verlassen können.
Gottes Zusage und sein Eid ermutigen
und stärken alle, die an der von Gott
versprochenen Hoffnung festhalten.
Hebräer 6,18

Der Herr ist gerecht in allem,
was er tut,
ein Gott, auf den man sich
verlassen kann.
Psalm 145,17

Des Herrn Wort ist wahrhaftig,
und was er zusagt,
das hält er gewiss.
Psalm 33,4

Gott sagt dir zu:

Dein Leben ist eine ständige Aneinanderreihung
von Herausforderungen, Veränderungen,
Überraschungen, Unvorhersehbarem,
Abschieden und Neuanfängen.

Auf nichts ist dauerhaft Verlass,
nichts bleibt, wie es ist.

Das Leben besteht aus Phasen, die sich verändern
und vorübergehen. Doch eines sei dir gewiss:
Ich bin immer der Gleiche!

Auf mich kannst du dich zu hundert Prozent
verlassen, ich verändere mich nicht,
meine Zusagen gelten für alle Zeit.
Ich stehe zu meinem Wort, bin immer
an deiner Seite und lasse dich nie im Stich.

In jeder Lebenslage, sei es ein nahendes Ende
oder ein unbekannter Anfang, kannst du dich
an mich wenden und mir von deinen Sorgen,
Problemen, Enttäuschungen, Hoffnungen
und Freuden erzählen. Ich habe immer
ein offenes Ohr für dich.

Auch wenn die Welt um dich herum
stets im Wandel ist und dir manchmal sogar
den Boden unter den Füßen wegzuziehen scheint,
erfährst du bei mir sicheren Halt.

Ich gebe dir Wurzeln und Flügel zugleich.
Bei mir findest du Geborgenheit und Zuflucht,
Sicherheit und Trost.

Wenn du mich bittest und lässt, kann ich
den Sturm stillen, der in deinem Herzen tobt
und einen Frieden schenken, der nicht
von dieser Welt ist. Vertraue mir!

Du bist mein geliebtes Kind
und kannst dich ganz auf mich verlassen!

Ich höre dein Gebet

Wir dürfen zuversichtlich sein,
dass er uns erhört,
wenn wir ihn um etwas bitten,
das seinem Willen entspricht.
1. Johannes 5,14

Wer da bittet, der empfängt;
und wer da sucht, der findet;
und wer da anklopft,
dem wird aufgetan.
Lukas 11,10

Seid fröhlich in der Hoffnung,
standhaft in aller Bedrängnis,
unermüdlich im Gebet.
Römer 12,12

Gott sagt dir zu:

Ich liebe es, wenn du meine Gegenwart suchst,
dich an mich wendest, mit mir in Kontakt bist,
mir von deinen Sorgen und Freuden erzählst,
mich in dein Leben einbeziehst
und aktiv Zeit mit mir verbringst.

Glaube mir, meine Antennen sind immer
auf Empfang. Ich werde nicht müde,
deine Gebete zu hören und, wenn ich es
für richtig halte, auch zu erhören
und deine Wünsche zu erfüllen.

Vielleicht hast du manchmal den Eindruck,
deine Gebete verlaufen im Nichts,
bleiben unerhört und sind völlig nutzlos,
weil du keine Reaktion von mir erkennen kannst.

Aber so ist es nicht!
Ich höre jedes einzelne Wort von dir,
auch deine Gedanken und Gefühle kenne ich
und bin dir stets nah. Mir geht es weder
um die Länge, noch um die Formulierung
deines Gebets, ich höre auch ein Stammeln,
Wimmern und Schluchzen. Hauptsache,
es kommt von Herzen, ist aufrichtig
und an mich gerichtet.

Ich wünsche mir, dass wir miteinander viel Zeit
verbringen, meine Tür steht dir immer offen
und mein Vaterherz ist dir stets zugewandt.
Jederzeit kannst du mich anrufen,
sei es in schrecklicher Not, in großer Dankbarkeit
oder auch nur, um mir von deinem Tag
oder deinen Überlegungen zu erzählen.
Ich höre dir gerne zu, weil ich an dir interessiert bin,
ja, mehr noch, weil ich dich bedingungslos liebe.

Also, wenn du aufmerksam durch deine Tage gehst
und ganz bewusst auch innehältst,
um mir Raum zu geben, kannst du immer besser
meine Antworten erahnen und verstehen.
Und du wirst manche Gebetserhörung erleben
und einen roten Faden meines Wirkens
in deinem Leben erkennen.

Du bist mein geliebtes Kind
und ich höre dein Gebet!

Ich lass mich von dir finden

Ihr werdet den Herrn,
euren Gott, suchen.
Und ihr werdet ihn finden,
wenn ihr ehrlich und von ganzem Herzen
nach ihm fragt.
5. Mose 4,29

»Auf der ganzen Erde liegt Finsternis,
die Völker tappen im Dunkel;
doch über dir strahlt mein Licht auf,
der Glanz meiner Gegenwart leuchtet dir.«
Jesaja 60,2

Jesus spricht:
»Wer zu mir kommt,
den werde ich nicht hinausstoßen.«
Johannes 6,37

Gott sagt dir zu:

Auch, wenn du mich nicht sehen kannst,
so sei dir meiner Gegenwart bewusst.
Ich gebe dir das Versprechen,
mich von dir finden zu lassen,
wenn du nach mir suchst.

Sprich mit mir, strecke dich nach mir aus.
Suche mich von ganzem Herzen,
lies in meinem Wort, der Bibel, um mich
immer besser zu verstehen und kennenzulernen.

Entdecke auch die vielen Zeichen
meiner Gegenwart und Liebe in deinem Alltag.
Nimm mich mit in all deine Vorhaben
und auf jeden Weg, den du gehst.

Halte Ausschau nach mir und du wirst mich
erkennen: In den aufbauenden und wertschätzenden
Worten deiner Mitmenschen, in Liedern, Texten,
Bildern, in der Stille, in Gedanken, die ich dir
eingebe, in der Natur, im Meeresrauschen
und Blätterrascheln …

Wenn du wachen Auges, mit offenen Ohren
und suchendem Herzen durch den Tag gehst,
kannst du mich in unzähligen Situationen
wiederentdecken.

Ich bin nicht zu groß für die kleinste Freude
und nicht zu klein für dein größtes Problem,
ich bin in allem zu finden.
Manchmal zeige ich mich dir ganz deutlich,
manchmal eher geheimnisvoll oder lasse
mein Auftauchen wie einen Zufall aussehen.

Suche immer wieder aufs Neue ganz bewusst
meine Gegenwart und du wirst mich mehr und
mehr verstehen und meine Liebe zu dir erkennen.

Du bist mein geliebtes Kind.
Ich lasse mich von dir finden.

Ich verlasse dich nicht, niemals

Herr, wer dich kennt,
der vertraut dir gern.
Denn wer sich auf dich verlässt,
der ist nie verlassen.
Psalm 9,11

Der Herr steht mir zur Seite,
ich fühle mich ganz sicher.
Darum bin ich voll Freude und Dank,
ich weiß mich beschützt und geborgen.
Psalm 16,8-9

Der Herr ist keinem
von uns fern.
In ihm leben, handeln und sind wir.
Apostelgeschichte 17,27-28

Gott sagt dir zu:

Menschen sind zuweilen sehr unzuverlässig,
unperfekt, unsozial, handeln nicht immer so,
wie es deinen Vorstellungen entspricht.
Sie verändern sich, entwickeln sich anders,
als du es dir wünschst. Dazu kommen
Lebensveränderungen, Einflüsse von außen,
Schicksalsschläge oder Zieländerungen.

So wirst auch du in deinem Leben manchmal
erleben müssen, dass es zu Streit, Konfrontation,
Konflikten, ja, auch zu Brüchen kommt.

Da hast du dich ganz und gar
auf einen Menschen verlassen und dann
enttäuscht er dich zutiefst, schlägt eine andere
Richtung ein, eure Wege trennen sich.

Oder du merkst, dass du selbst gehen musst,
weil es so besser für dich ist. Manche Freunde
verlieren sich aus den Augen, einige Ehepaare
lassen sich scheiden, der Tod trennt Angehörige
voneinander. Immer wieder heißt es Abschiednehmen.
Das gehört zum Menschsein dazu.

Bei allem Unsteten in deinem Leben, darfst du
wissen: Ich bin immer da! Ich verlasse dich niemals!
Ich stehe immer zu dir und bin jeden Tag
an deiner Seite – bis zum letzten Schritt
gehe ich den Weg mit dir!

Wenn du strauchelst und stolperst, halte ich dich.
Wenn du fällst, helfe ich dir wieder auf. Wenn du an
einer Aufgabe scheiterst, gebe ich dir neuen Mut.
Wenn du Fehler machst, verurteile ich dich nicht.
Wenn du schuldig wirst, vergebe ich dir,
weil du mich darum bittest.

Ich weiche nicht von dir! Nichts an dir kann
mich erschrecken, kein noch so düsterer Gedanke
mich vertreiben, kein abstoßendes Verhalten
mich auf Abstand zu dir gehen lassen.
Ich bin und bleibe da, ganz nah bei dir.
Nichts kann meine Zuneigung zu dir schmälern,
sie ist unendlich groß und tief.

Du bist mein geliebtes Kind
und ich werde dich nie verlassen!

Bei mir kommt dein Herz zur Ruhe

Jesus Christus spricht:
»Ich habe euch das alles gesagt,
damit ihr in mir Frieden habt.
Hier auf der Erde werdet ihr viel
Schweres erleben. Aber habt Mut,
denn ich habe die Welt überwunden.«
Johannes 16,33

Herr, du gibst Frieden dem,
der sich fest an dich hält
und dir allein vertraut!
Jesaja 26,3

Gott spricht: »Ich selbst
werde dir vorangehen und dich
zur Ruhe kommen lassen!«
2. Mose 33,14

Gott sagt dir zu:

Komm zu mir mit allem, was dich bedrückt
und belastet, teile deine Sorgen mit mir,
erzähle mir deinen Kummer, stelle mir deine Fragen
und bring mir deine ganze Verzweiflung.

Glaube nicht, dass es ein Problem gäbe,
für das ich mich nicht interessieren würde
oder das zu unwichtig für mich sei.
Du bist mir sehr wichtig und deshalb
interessiert mich alles, was dich bewegt.

Dein Leben ist ein stetiges Auf und Ab,
ständig gibt es Veränderungen
und neue Herausforderungen, Probleme
und Schwierigkeiten. Ab und zu scheinen dir
die Anforderungen an dich über den Kopf
zu wachsen. Dann ist dir die Welt mit all ihrem
Trubel zu laut, zu aggressiv, zu fordernd.

Gerade dann brauchst du einen Ruhepol,
der sicher und verlässlich ist, wo du immer wieder
neu gestärkt, ermutigt und aufgebaut wirst.
Komm zu mir! Ich bin dein Ruhepol
und immer für dich da.

Ich will dein aufgewühltes Herz beruhigen,
dich in meinen liebenden Armen bergen,
dir Geborgenheit und Zuversicht schenken.
Bei mir findest du einen Frieden,
den dir die Welt nicht geben kann.

Auch, wenn sich deine Probleme nicht sofort
in Luft auflösen, wirst du spüren,
dass sie bei mir in guten Händen sind.
Du kannst sie erst einmal hier ablegen und
loslassen. In meiner Gegenwart wirst du zur Ruhe
kommen, dich erholen und neue Kraft schöpfen.

Du bist mein geliebtes Kind,
ich will dir Ruhe und Frieden schenken.

Ich habe dich erlöst

Es hat Gott gefallen,
alle Fülle in Christus wohnen zu lassen
und durch ihn alles zu versöhnen zu ihm hin,
es sei auf Erden oder im Himmel,
indem er Frieden machte
durch sein Blut am Kreuz.
Kolosser 1,19-20

Befreit von der Sünde
und in den Dienst Gottes gestellt,
habt ihr die Frucht, die Heiligung schafft,
und als Ziel ewiges Leben.
Römer 6,22

»Ich, der Herr,
bin dein Heiland,
und ich, der Mächtige, dein Erlöser.«
Jesaja 60,16

Gott sagt dir zu:

Du hast Angst vor dem Tod!?
Ja, das Leben, so wie du es kennst, ist endlich.

Auch, wenn ich dich immer wieder
von Krankheiten heile oder vor Unfällen bewahre,
am Ende wirst du sterben
und diese Welt verlassen müssen.
Aber das ist nicht das Ende!

Ich habe dir versprochen, dein Retter zu sein.
Wenn du an mich und die Auferstehung glaubst,
wirst du sie selbst nach deinem Tod erleben.

Du wirst nicht endlos im dunklen Nichts
vor dich hintrudeln. Du wirst in meinem Licht
auferstehen und für alle Ewigkeit in meiner
neuen Welt meine Gegenwart genießen.
Ohne Angst, ohne Tränen, ohne Schmerz.

Du wirst nie gekanntes Glück erleben
und eine Liebe empfinden, die dir heute
nicht vorstellbar ist. Und alle deine Zweifel,
Fragen und Sorgen, die dich jetzt plagen,
werden sich in Luft auflösen. Endlich wirst du
verstehen können, was dich jetzt noch umtreibt.
Und dir wird klar sein, warum alles
so sein musste, wie es war.

Vertraue mir, mein Ziel für dich geht über dein
Erdenleben hinaus. Es gibt ein Leben nach dem Tod
und du darfst dich darauf freuen,
im Himmel in meiner Nähe zu sein.

Lebe dein jetziges Leben mit allen schönen
und schweren Seiten, geh deinen Weg
und lass dich von mir führen.

Bis zu deinem letzten Tag
werde ich an deiner Seite sein
und darüber hinaus – für alle Ewigkeit.
Sei dir gewiss: Das Beste kommt erst noch!

Du bist mein geliebtes Kind
und ich habe dich erlöst!

Meinen Segen gebe ich dir

Gott hat die Macht,
euch so reich zu beschenken,
dass ihr nicht nur jederzeit
genug habt für euch selbst,
sondern auch noch anderen
reichlich Gutes tun könnt.

2. Korinther 9,8

Der Herr, dein Gott, wird dich segnen
in deiner ganzen Ernte
und in allen Werken deiner Hände;
darum sollst du fröhlich sein.
5. Mose 16,15

Öffne mir die Augen,
damit ich erkenne, welche Wunder
dein Gesetz enthält!

Psalm 119,18

Gott sagt dir zu:

Bleib in meiner Nähe,
suche stets aufs Neue meine Gegenwart.
Ich will dich reich segnen!
Sei du mein Werkzeug,
das ich vielfach einsetzen kann,
um meine Liebe in diese Welt zu tragen.
So bist du Gesegneter
und Segenbringender zugleich.

Sieh mit meinen Augen:
Ich will dich sehend machen,
meine Wunder zu entdecken,
hinter die Fassaden zu schauen
und dein Gegenüber voller Liebe zu betrachten.

Hör' mit meinen Ohren:
Ich will dich hörend machen,
meinen Liebesworten zu lauschen,
die Hilfeschreie deiner Mitmenschen wahrzunehmen
und wirkliches Zuhören zu lernen.

Sprich meine Gedanken aus:
Ich will dich das Sprechen lehren,
um in meinem Sinne zu reden,
Ermutigendes in die Welt zu tragen,
Hoffnung, Zuversicht und Trost zu verbreiten.

Gib mir deine Hände:
Ich will sie dir segnen,
damit du sie öffnen
und meine Gaben empfangen,
tatkräftig zupacken
und zärtlich streicheln kannst.

Folge meinen Spuren:
Ich zeige dir den Weg, den du gehen sollst,
lehre dich, nach einem Streit den ersten Schritt
auf den anderen zuzugehen
und Mutlosen zur Seite zu stehen.

Dein Leben soll von meiner Liebe zeugen,
soll ein Mosaik, ein Spiegelbild meiner selbst sein.

Du bist mein geliebtes Kind,
ich will dich reich segnen.

Doro Zachmann

ist 1967 in Aalen geboren und dort auf-
gewachsen. Die Diplom-Sozialpädagogin
versteht sich als Familienfrau und enga-
giert sich darüber hinaus als Referentin
und Autorin.

Sie schreibt autobiografische Bücher und konzipiert
farbenfrohe, inspirierende Kalender und Bildbände.

Gemeinsam mit ihrem Mann, dem Psychotherapeuten
Wolfgang Zachmann, hat sie vier erwachsene Kinder und
drei Enkelinnen.

Ihr geistliches Zuhause sieht die beliebte Autorin seit vielen
Jahren in der Freien evangelischen Gemeinde Karlsruhe.

Sie ist Mitbegründerin und Mitarbeiterin des Autoren-
Laden-Event-Cafés »Sellawie« in Forst, das ihr ebenfalls
sehr am Herzen liegt.

In ihrer Freizeit ist sie kreativ, liest viel und verbringt sehr
gerne Zeit mit Familie und Freunden.

Bibelstellen-Verzeichnis

Weitere Bücher von Doro Zachmann

Doro Zachmann: Ich bin da, dir ganz nah
Gottes Zusagen für dich
Gottes liebevolles Reden hat uns so viel Ermutigendes
zu sagen. Seine Zusagen gelten in jeder Lebenssituation.
Einfühlsam öffnen sie das Herz für die himmlische
Sicht auf zentrale Lebensthemen wie Vergebung,
Trost, Führung, Hoffnung oder Segen.
Bildband, 96 Seiten, 14 x 21 cm, durchgehend bebildert.
RKW 5112 • ISBN: 978-3-86338-112-7

Doro Zachmann: Ich bin bei dir, vertraue mir
Gottes Zusagen für dich
Liebevoll und einfühlsam spricht Gott in unser Leben
hinein. Seine Zusagen ermutigen und trösten, erfreuen
das Herz und eröffnen himmlische Perspektiven.
Passend zu prägnanten Bibelworten formuliert Doro
Zachmann persönliche Zusprüche, die Gottes Wesen
erkennen und seine Liebe spürbar werden lassen.
Bildband, 96 S., 14 x 21 cm, durchgehend bebildert.
RKW 5161 • ISBN: 978-3-86338-161-5

Doro Zachmann: Ich bin hier, nah bei dir!
Ein liebevoll gestaltetes Postkarten-
Aufstellbuch mit 24 himmlischen Zusagen.
Sie können die perforierten Postkarten
auch mühelos einzeln entnehmen. Wer die
Motive auf sich wirken lässt, fühlt sich
wertgeschätzt, ermutigt und gesegnet.
Spiralbindung mit stabilem Aufsteller,
24 hochwertige Postkarten, 17 x 14 cm
RKW 5720 • ISBN: 978-3-86338-720-4

Doro Zachmann:
Wenn das Herz voll Trauer ist
Der Verlust des geliebten Partners führt die Seele in nie
gekannte Tiefen. Trauer und eine innere Zerrissenheit
erfüllen Herz und Verstand. Intensive Texte und Bilder
begleiten durch die schmerzhafte Zeit der Trauer.
Bildband, 56 Seiten, 21 x 21 cm, durchgehend bebildert.
RKW 5177 • ISBN 978-3-86338-177-6

Doro Zachmann:
... und weiß dich geborgen
Trostgedanken zum Abschied. Gut zu wissen, dass ALLES
in Gottes guten Händen geborgen ist. Einfühlsame, mit-
fühlende, tröstende Worte zum Verlust eines geliebten
Menschen möchten zärtlich Herz und Seele berühren.
Bildband, 64 Seiten, 21 x 21 cm, durchgehend bebildert.
RKW 5152 • ISBN 978-3-86338-152-3